ACERCAMIENTO AL MUNDO DE LOS ALUMNOS SORDOS

PROPUESTA EDUCATIVA

María del Carmen Gómez Gómez

Virginia Bravo Rodríguez

Manuel Ángel Ulla Rega

Antonio Sande Iglesias

María Jesús Vizcaya Vázquez

María Jesús Vaamonde Maroño

Guadalupe Mariño Barreiro

José Luís García López

María del Carmen Valiño Bermejo

Natalia Pereira Rey

Título: Acercamiento al mundo de los alumnos sordos. Propuesta educativa.

Copyright 2008. Autores: María del Carmen Gómez Gómez

Virginia Bravo Rodríguez

Manuel Ángel Ulla Rega

Antonio Sande Iglesias

María Jesús Vizcaya Vázquez

María Jesús Vaamonde Maroño

Guadalupe Mariño Barreiro

José Luís García López

María del Carmen Valiño Bermejo

Natalia Pereira Rey

ISBN 978-1-4092-6558-0

Copyright 2008 Lulu Press Inc.

INDICE

1. Desarrollo y participación comunal de las personas con discapacidad.

Buscando una definición de discapacidad.

¿Cómo podemos definir la discapacidad? Según la R.A.E.[1] es la cualidad del discapacitado, y a este lo define como: *Dicho de una persona: Que tiene impedida o entorpecida alguna de las actividades cotidianas consideradas normales, por alteración de sus funciones intelectuales o físicas.*

La O.M.S. concreta más en el concepto de discapacidad

Toda situación desventajosa para un individuo determinado, consecuencia de una deficiencia[2] o de una discapacidad[3], que limita o impide el desempeño de un rol social que es normal en su caso, en función de la edad, sexo y factores sociales y culturales[4].

Podemos decir, entonces, que la discapacidad es la falta de capacidad y como tal, debemos plantearnos hasta que punto todo individuo, hombre o mujer, es discapacitado o puede considerarse dentro de la sociedad enmarcado en esa "normalidad" que gozan tener todos esos sujetos considerados normales por unos varemos no establecidos y poco claros. Intentando ajustar como se puede medir la normalidad, como se puede ajustar este término descubrimos la complejidad del mismo y es por este motivo por el que parece más sencillo determinar desde donde podemos decir discapacidad.

Partiendo de lo anteriormente dicho, discapacidad como falta de capacidad, y considerando que ningún individuo tiene la capacidad plena para realizar todas las funciones físicas, sensoriales y/o intelectuales que otros individuos de su edad, incluso en las mismas condiciones, podemos concluir que todos tenemos alguna discapacidad, que todos somos discapacitados.

Entorno social

El discapacitado es un colectivo que perteneciendo a una sociedad, y siendo parte de una comunidad tiene, normalmente, poca participación en ella.

---

[1] Real Academia Española
[2] Deficiencia: Toda pérdida o anormalidad de una estructura o función psicológica, fisiológica o anatómica.
[3] Discapacidad: Toda restricción o ausencia (debida a una deficiencia) de la capacidad de realizar una actividad en la forma o dentro del margen que se considera normal para un ser humano.
[4] Clasificación Internacional de Deficiencias, Discapacidades y Minusvalías. (O.M.S. 1983)

Dentro del contexto social cada colectivo participa e intenta cubrir sus necesidades, pero hay grupos minoritarios que se ven envueltos en situaciones de exclusión social.

En el entorno social es en el que la comunidad se desarrolla y busca dar respuesta a sus necesidades para alcanzar unas mejores condiciones de vida. Esta comunidad está compuesta por miembros que interrelacionando entre sí para intentar satisfacer sus necesidades pertenecen a diferentes grupos, diferenciados por una cultura, formas de ser, de actuar, de ver el mundo... o simplemente por compartir preocupaciones o situaciones espacio temporales que les han hecho coincidir. Una comunidad es un constructo complejo en continuo cambio, en continuo desarrollo.

En este desarrollo participan todos los componentes de la comunidad, la diferencia está en qué medida participa cada uno de ellos. En algunas comunidades existen jerarquías, políticamente estructuradas, en las cuales unos individuos serán representantes de los distintos colectivos que componen la comunidad.

En ocasiones, de estas superestructuras depende la calidad de vida de los distintos colectivos y en este caso concreto de los minusválidos.

Estas estructuras serían la administración pública en todos sus niveles, desde el supranacional hasta el municipal, pasando por el estatal y autonómico.

Las actuaciones que lleven a cabo estas administraciones pueden tanto promover como inhibir el proceso de integración y participación del minusválido.

En el 2003 se celebró el Año Europeo de las Personas con Discapacidad, desde aquí se definió la discapacidad como una relación entre las personas y su entorno, se cambió el enfoque de la discapacidad pasando de centrarse en las personas a centrarse en el entorno, como la limitación en la participación de la comunidad.

Relaciones y Recursos.

La participación depende de los recursos en gran medida. El acceso a un determinado recurso hace que a su vez se acceda a otros recursos y así se generan nuevos recursos que se van alcanzando con otros antecesores y generando paralelamente éxitos.

Un ejemplo ilustrativo puede ser el trabajo, el acceso al mundo laborar del discapacitado.

Con el acceso al trabajo consigue una independencia económica, gratificación personal, acceso a servicios como la asistencia sanitaria, seguridad en caso de desempleo, formación y educación permanente, relaciones sociales, independencia en el acceso a una vivienda…

El siguiente gráfico ilustra este proceso, partiendo desde el ejemplo del mundo del trabajo.

Acceso al mundo laboral

Independencia económica

Bienestar personal

Asistencia Sanitaria

Educación

Relaciones sociales

Vivienda

Participación (Agente activo)

Pero de la misma forma que unos recursos generan el acceso a nuevos recursos y el éxito genera más éxito, también puede ocurrir lo contrario. Podemos encontrarnos con situaciones de fracaso que genere fracaso límite los recursos y el acceso por lo tanto a nuevos recursos y al desarrollo en general.

Para solventar algunos de los problemas sociales y poder atender equitativamente a todos los sectores debemos partir como nos indica Marco Marchioni de tres acciones:

- Acción PARA la comunidad.
- Acción EN la comunidad.
- Acción CON la comunidad.

Cada una de estas tres acciones parten de las instituciones responsables, así la primera hablaría de servicios adquiridos que el estado está obligado a dar, la segunda acción EN se refiere a la descentralización de servicios que permite atender de una manera más eficaz a las demandas y la última de ellas CON habla de servicio dirigido a toda la comunidad.

Son tres acciones preventivas para conseguir una mayor igualdad en el acceso a servicios, en la integración y participación.

Marchioni nos habla de una comunidad con una alta participación, con cercanía de todos los individuos pertenecientes a ella. Sería ideal conseguir hacer que estas comunidades fueran la normalidad.

Nos dice que para realizar un buen trabajo comunitario son necesarios los siguientes principios:

- Elaboración de unos principios básicos por parte de los servicios sociales, en los que actuar.

- Una vez aceptados estos principios por los individuos de una comunidad, empiezan a formar parte del proceso de desarrollo comunitario, siendo protagonistas del cambio.

Para que estos dos pasos salgan adelante es necesario tener presente que:

- Nunca se dará un verdadero cambio sin la participación de los individuos de la comunidad.

- Los individuos de la comunidad deben decidir el camino para su desarrollo.

- El ritmo del desarrollo no puede ser impuesto desde el exterior, sino que tiene que ser la propia comunidad quien decida como llevar el desarrollo.

Estos serían los pasos básicos para conseguir un desarrollo optimo de nuestras comunidades, analizando cada uno de los tres puntos indicados anteriormente podemos deducir que, cuando en nuestras comunidades se producen cambios (legislación, normas…) cuanto más cercano está este cambio a los individuos que integran la comunidad más probabilidades de éxito y permanencia tiene este cambio. Por el contrario cuando ha sido planteado por una minoría y sacado adelante desde una situación espacio- temporal poco cercana a donde va a ser aplicado la tendencia al fracaso es muy elevada.

Factores de discriminación en la participación comunal.

La discapacidad ha sido discriminada, alejada y ocultada. En la antigüedad estaba relacionada con castigos divinos y los niños eran abandonados, condenados así a la mendicidad o bien sacrificados si el padre "pater familias" así lo decidía.

No solamente estaban aislados, sino que el resto de la sociedad (padres incluidos) tenía el derecho o casi obligación de aislar a estos sujetos que tenían algún tipo de dificultad física, psicológica o sensorial.

Camino a una mayor participación.

En la actualidad hay mayor participación del colectivo discapacitado en las decisiones de la comunidad. La representación de estos sujetos por medio de asociaciones, federaciones o confederaciones hace que este colectivo pueda tener representantes que sí estén dentro de sus igualdades y por lo tanto sus pretensiones sean más afines.

De estos movimientos sociales surgen cosas como la integración social, laboral y escolar del minusválido; el derecho a utilizar la Lengua de Signos ya considerada lengua natural de la comunidad sorda.

Poco a poco las sociedades son cada día más conscientes de la importancia de la participación de todos para el bien de todos y es que con colaboración de unos con los otros todo será más sencillo.

Las dificultades de las personas sordas.

A partir de la integración en las aulas de los niños con discapacidad hemos avanzado notablemente en la integración social y laboral de este colectivo, pero en este camino encontramos aun barreras y dificultades que solventar.

Importancia del canal visual.

La sordera y las personas sordas las consideramos desde tres planos el audiológico, el de la discapacidad y el sociocultural.

El audiológico por el tipo y el grado de pérdida auditiva.

El de la discapacidad por la limitación de capacidad de comunicación por vía auditivo verbal.

La dimensión sociocultural, por pertenecer a una comunidad diferenciada como es la de los sordos que tienen una lengua y una cultura propias.

Esta lengua propia que es la lengua de signos utiliza una canal viso-manual en lugar de acústico-vocal, que sería el canal principal de comunicación de los oyentes.

Este canal es lo que dificulta que exista una comunicación fluida entre sordos y oyentes. El sordo oye por los ojos, de aquí la gran importancia del canal visual dentro de la lengua de signos, es la vista la que permite la transmisión de información.

Durante este proceso se está produciendo una situación comunicativa, pero para que esta sea real se necesitan los siguientes elementos básicos:

EMISOR: Quien emite el mensaje, quien habla o escribe.

RECEPTOR: Quien recibe el mensaje, quien escucha o lee.

MENSAJE: Lo que se transmite desde el emisor al receptor, es decir, lo hablado o escrito.

Además de estos elementos, es necesario que el emisor y el receptor compartan una misma lengua, de manera que el mensaje tenga sentido para el receptor.

EL CANAL, medio físico que permite que el mensaje viaje de uno a otro, puede ser el aire o bien, el papel. Es importante que esté despejado para que el mensaje llegue correctamente al receptor.

El emisor es el que transmite la información y para ello utiliza unos mecanismos de producción que son[5]:

- Articuladores manuales:
- Signos de mano dominante.
- Signos de mano base.
- Signos Bimanuales.
- Articuladores no manuales: posición del cuerpo, expresiones fáciales….
- Espacio sígnico o de signación.
- Modificaciones del movimiento.

---

[5] "La Educación de los alumnos sordos hoy"

2. La sordera

Anatomía del oído

Oído externo: El pabellón auricular es una prominencia saliente del hueso temporal, esta constituido por un esqueleto cartilaginosos sobre el que se inserta unos músculos llamados periauriculares, casi atrofiados y recubiertos por piel.

La concha continúa con el conducto auditivo constituido por un esqueleto fibrocartilaginosos en la parte externa y óseo en la interna, recubierto por una piel con pelos y glándulas ceruminosas.

Oído medio: La caja del tímpano es una cavidad en el hueso temporal. La pared lateral constituida por la membrana timpánica resultado de la unión de una capa externa epidérmica y una interna mucosa, con la interposición de una capa de fibras conjuntivas que contienen el mango del hueso martillo. La pared media tiene dos ventanas, la oval cerrada por la placa del estribo y la redonda cerrada por el tímpano secundario o membrana de Scarpa. La pared superior corresponde a la fosa craneal media y la inferior al seno de la vena yugular interna. En la pared anterior se abre la trompa de Eustaquio.

En la caja del tímpano hay tres huesos: martillo, yunque y estribo con sus músculos y unos ligamentos.

La trompa de Eustaquio es un conducto óseo y fibrocartilaginoso revestido de tejido mucoso que pone en contacto la caja del tímpano con la pared de la rinofaringe. Las celdas mastoideas son unas cavidades en el hueso temporal revestidas de tejido mucoso y que contienen aire. Se comunican entre sí y con la central llamada antro, que está comunicada con la caja del tímpano mediante un canal llamado aditus ad antrum.

Oído interno: Formado por cavidades en la porción ósea llamada laberinto óseo. En el interior de estas cavidades existen una formaciones epiteliales y nerviosas que constituyen el laberinto membranoso. Se distingue un laberinto constituido por el otrículo, sáculo y los canales semicirculares.

El laberinto óseo está separado del membranoso por el espacio perlinfatico que contiene perilinfa (semejante al líquido cefalorraquídeo). En las cavidades del laberinto membranoso está la endolinfa, líquido semejante al del interior de las células.

En el caracol está el órgano de Corti. El órgano de Corti está recorrido por una cavidad llamada falería de Corti que se extiende por toda la longitud de la cóclea, está limitada por unas células llamadas pilares internos y externos.

En la cóclea hay dos tipos de células: externas e internas. Las células acústicas externas tienen numerosas prolongaciones o microvellosidades, constituyen los pelos acústicos. Estos pelos están incluidos en la membrana tectória. En su base células acústicas que son receptores de sonido, conversión de la energía de presión de las ondas sonoras en impulsos eléctricos que llegan al cerebro.

Desarrollo del oído

19 semana de gestación	La membrana timpánica tiene forma de adulto.
20 semana .	Se forman los huesecillos del oído medio
21 semana	Se forma el conducto auditivo externo.
32 semana	Se osifican los huesos.
35 semana	Completa maduración morfo funcional de la cóclea.
Antes del nacimiento	La cóclea ya tiene forma y tamaño de adulto.
Recién nacido	Iniciación en la localización auditiva.
2º mes	Discriminación de vocales y consonantes.
3º mes	Etapa de vocalización. Diferencia frecuentes graves. Momento de la detección precoz de perdida auditiva.
6º mes	Discrimina todos los tonos. Balbuceo.

1° año	Mielinización de la vía talámica.
3° año	Se desarrolla el conducto timpanal.
5° año	Mielinización de la vía postalámica.
7° año	Se desarrolla totalmente la parte cartilaginosa y ósea e la oreja.

Etiología

Congénitas:
Prenatales: antes de nacer ya tiene problema auditivo.
- Medicamentos ototoxicos.
- Torch: toxoplasmosis, Rubéola, Citomegalovirus, Herpes en el embarazo.

Perinatales: Alrededor del parto:
- Anoxia.
- Alteraciones bilirrubina.
- Traumatismo obstétrico: presión en la cabeza del bebe.

Tardías:
- Infecciones: meningitis, sarampión, parotiditis.
- Otoxicidad.
- Traumatismos.

Tipos y clasificación:

Según el momento de adquisición:

- Prelocutivas: antes de adquirir el lenguaje.

- Postlocutivas: Después de adquirir el lenguaje.

Según su localización:

- De transmisión o conducción: oído externo y medio.

- De percepción o neurosensorial: oído interno, vías nerviosas y corteza cerebral..

- Mixtas.

Según la perdida:

- Sordera ligera:

· Perdida auditiva entre 20 y 40 dB.

· Pasan desapercibidos. Alguna dificultad en ambiente ruidoso.

· Intervención: Prótesis auditiva.

- Sordera media:

· Perdida entre 40 y 70 dB.

· Dificultades importantes en la comprensión y expresión del lenguaje.

· Intervención: Prótesis y lectura labial.

- Sordera Severa:

· Perdida entres 70 y 90 dB.

· No adquieren el lenguaje espontáneamente. Solo palabras aisladas.

- Sordo Profundo:

· Perdida auditiva superior a 90 dB.

· No adquiere el lenguaje por vía auditiva.

· La vista se convierte en el canal de acceso al mundo y al lenguaje.

Síntomas asociados: Acúfenos

Acufeno: Ruido en el oido que pueden ser:
- Objetivos: ruidos que puede oir otra persona.
- Subjetivos: Ruidos que sólo puede oír la propia persona.

Acúfenos musculares: Están producidos por los músculos que están entre los huesos del oído por una contracción de estos. A veces se produce por los músculos de la trompa de Eustaquio que une el oído con la garganta. La solución es tragar fuerte.

Acúfenos vasculares: Ruidos en el oído ocasionados por los dos vasos sanguíneos que pasan por el oído medio y el interno, son la arteria carótida y la vena yugular. En una situación de fiebre alta por alguna infección de los vasos, la vena y arteria se expanden, la circulación de la sangre es muy rápida y se nota.

Acúfenos en el oído externo, medio, interno: Ruidos en el oído por la presión motivada por una obstrucción. Ocurre cuando tenemos un tapón de cera importante.

Acúfenos de las vías neurosensoriales:Puede haber una lesión en el nervio sensorial y producir el acúfeno.

Acúfenos del cerebro: Puede estar debido al ruido del riego sanguíneo de una arteria o una vena.

3. Implante coclear

Un implante coclear es un aparato que transforma los sonidos y ruidos del medio ambiente en energía eléctrica capaz de actuar sobre el nervio coclear, desencadenando una sensación auditiva en el individuo.

Los implantes cocleares están indicados para sujetos que presentan una hipoacusia neurosensorial bilateral profunda, que no se beneficia lo suficiente de audífonos.

El implante coclear no devuelve una audición normal y la naturaleza de los estímulos que proporciona presenta diferencias notables respecto a la estimulación acústica habitual.

Es imprescindible entrenar al paciente en la detección, identificación y finalmente en la comprensión de las informaciones que llegarán a sus áreas auditivas.

La rehabilitación deberá dirigirse a la persona en su totalidad. En este sentido, no debe limitarse a un entrenamiento y debe abarcar diferentes aspectos como:

- Enseñar al manejo y cuidado del implante,
- Ajustar las expectativas a las posibilidades reales del paciente,
- Proporcionar un apoyo suficiente a los pacientes y a sus familias en los momentos de duda,
- Incidir en el entorno para que aplique los ajustes necesarios en su comunicación oral.

Los sujetos que han oído alguna vez (post-locutivos) han podido almacenar en su memoria gran número de patrones auditivos sobre los que la rehabilitación va a poder apoyarse.

El programa de rehabilitación o la rehabilitación dependerá de si el sujeto es sordo prelocutivo o postlocutivo y dentro de este grupo si ha pasado mucho tiempo sin poder oír.

El programa de rehabilitación suele contener ejercicios analíticos (centrados en la percepción de elementos discretos como una determinada sílaba) y ejercicios más globales de comprensión de significados donde la suplencia mental desempeña un gran papel.

Los programas de rehabilitación o reeducación constan de cinco etapas o fases:

- Detección.

- Discriminación.
- Identificación.
- Reconocimiento.
- Comprensión.

Estas etapas no son correlativas, algunas se solapan.

DETECCIÓN

Se inicia con un entrenamiento para detectar la presencia o ausencia del sonido con una respuesta condicionada para alcanzar la percepción de ese sonido y tener una respuesta espontánea.

En los niños, la respuesta a los estímulos se condiciona a través del juego.

DISCRIMINACIÓN

Se trabajan aquí las cualidades del sonido, con sonidos del entono e instrumentos musicales, sí como elementos suprasegmentales del habla(prosodia y entonación).

IDENTIFICACIÓN

En esta fase el sujeto debe escoger cuál es la respuesta apropiada entre las múltiples presentaciones, ya sean sonidos, palabras o frases.

Se trabaja la secuenciación de los sonidos. Se hace hincapié también en las diferentes entonaciones y ritmos, así como en la fuerza o tonicidad del habla.

RECONOCIMIENTO

En esta fase, el individuo debe ser capaz de repetir una palabra o una frase.

COMPRENSIÓN

Esta fase es la más alta, pues aquí interviene tanto el nivel auditivo como el desarrollo cognitivo.

Se trata de utilizar el lenguaje oral en el intercambio comunicativo, alcanzando con él una comunicación interactiva total.

En las rehabilitaciones con niños, el profesional debe ser consciente de adecuar el material, es decir, personalizarlo y aplicarlo de forma lúdica y pedagógica. Hay que evitar que las sesiones de reeducación sean aburridas.

Para que la reeducación sea efectiva, los sujetos deben llevar conectado el procesador diariamente el máximo de horas posible. Cuanto mayores sean sus vivencias en el mundo sonoro, más altas serán las posibilidades de alcanzar los objetivos propuesto.

4. Sordoceguera

Se puede afirmar que una persona es sordociega cuando siendo ciega o deficiente visual es también sorda o deficiente auditiva, de forma tal que le es difícil, cuando no imposible, comunicarse con los demás con normalidad.

Esta idea casi obvia sobre quién es sordociego contrasta con la dificultad real para determinar cuantitativamente cuál es el grado de deficiencia visual que, combinado con determinado nivel de deficiencia auditiva, colocan a la persona en la situación de incomunicación que la convierte en sordociega. Los parámetros que definen una deficiencia visual o una deficiencia auditiva son diversos, y cada uno de ellos tiene una medida y un modo de medirse. Concretar qué combinación numérica determina la realidad funcional de incomunicación es imposible, aun sin tener en cuenta otras variables individuales.

El óptimo funcionamiento conjunto de ambos sentidos de la distancia, la vista y el oído, en una persona sin ninguna deficiencia sensorial facilita la integración perceptiva de los estímulos que llegan desde los demás sentidos. Se puede decir que el aprendizaje se realiza, el mundo se interpreta, las personas se comunican, gracias al permanente proceso de asimilación sensorial de los estímulos que llegan desde los sentidos, y en este proceso tienen especial relevancia la vista y el oído, al ser, junto con el olfato, los sentidos que permiten percibir estímulos distales y los responsables de proporcionar la información principal en el entorno sonoro-visual en el que nos desenvolvemos.

Cuando uno de los dos sentidos falla por una «pérdida» sensorial cuantitativa o cualitativa (dependiendo de la patología o sus efectos concretos), el otro sentido trata de suplir funcionalmente la información que el sujeto necesita para poder seguir interpretando el mundo. Esto, considerando que necesariamente se deben combinar parámetros cuantitativos y cualitativos, lleva a pensar que la medida más fiable del grado de deficiencia es la que resulta de la valoración del funcionamiento de la persona, porque manifiesta ya el ajuste de las suplencias sensoriales que se hayan producido.

Se puede decir, por tanto, que es imposible delimitar en términos numéricos en la realidad qué nivel de pérdida sensorial en un sentido, considerada en conjunción con qué otro nivel de perdida del otro sentido, es tan limitante que convierte a la persona en sordociega. Es necesario atender a cómo afecta la combinación de las pérdidas sensoriales a la vida de la persona (a su movilidad, a su capacidad de aprendizaje, a su capacidad de relación y comunicación con los demás, a su nivel de autonomía personal, a su capacidad de trabajar, etc.). Si, funcionalmente, estos aspectos de la vida de la persona se ven afectados por la «combinación» de esas pérdidas sensoriales, diremos entonces que esa persona es sordociega, pero no podremos decirlo porque tenga una visión residual «x» combinada con una pérdida auditiva «y», porque la combinación de esas pérdidas puede producir efectos muy distintos en personas diferentes debido a un conjunto de variables individuales que también deben ser consideradas. Habrá casos en los que pérdidas visuales muy pequeñas produzcan un efecto muy limitante para la persona, por ejemplo, por el hecho de que esta padezca una perdida auditiva importante, o que pérdidas auditivas muy pequeñas produzcan efectos devastadores en la comunicación de una persona ciega y su relación con los demás.

Por esta razón, la DbI, que es la organización internacional que se ocupa de la defensa de las personas sordociegas, sensibilizando y promoviendo servicios en los diferentes países, hizo en 1999, durante la duodécima Conferencia Mundial en Estoril, Portugal, un llamamiento a los gobiernos nacionales de todo el mundo para que al considerar la definición de las discapacidades y las descripciones de sus distintas categorías, reconocieran de forma específica que la sordoceguera es una combinación de la deficiencia visual y la deficiencia auditiva.

La ONCE, desde su responsabilidad como institución que en España atiende a las personas sordociegas, tiene en cuenta esta recomendación de la DbI, pero sin olvidar su propio criterio respecto a lo que considera deficiencia visual o ceguera legal como requisito para ser afiliado a la misma y para proporcionar atención. Así, considera que una persona es sordociega y susceptible de su atención si

presenta una deficiencia auditiva, constatable mediante audiometría, combinada con una deficiencia visual tal que le permite afiliarse a la organización (o entra en los criterios que esta tiene para la atención de los deficientes visuales no afiliados), y tiene serios problemas de comunicación y relación con el entorno, acceso a la información y a la educación.

De acuerdo con las anteriores consideraciones se puede decir que «*una persona es sordociega cuando en ella se combinan dos deficiencias sensoriales (visual y auditiva) que se manifiestan en mayor o menor grado, generando problemas de comunicación únicos y necesidades especiales derivadas de la dificultad para percibir de manera global, conocer, y por tanto interesarse y desenvolverse en su entorno.*

»Como consecuencia de la incomunicación y desconexión con el mundo que la privación sensorial genera en las personas sordociegas, estas presentan una serie de dificultades, que se manifestarán, de acuerdo a sus características, en la comunicación, en el acceso a la información, a la educación, a la capacitación profesional, al trabajo, a la vida social y a las actividades culturales.»

Algunas personas sordociegas son totalmente sordas y ciegas, mientras que otras tienen restos auditivos o visuales o ambos. En el caso de las personas sordociegas de nacimiento, o de las que adquieren la sordoceguera a temprana edad, la situación se complica por el hecho de que pueden darse problemas adicionales que afecten a su personalidad o conducta derivados de la incomunicación en la que viven o de otros deficit añadidos. Tales complicaciones reducen aún más sus posibilidades de aprovechar cualquier resto visual o auditivo.

De todo ello se deduce que la sordoceguera es una discapacidad singular, por lo que se podría considerar con entidad propia, y que las personas sordociegas requieren servicios especializados, personal específicamente formado para su atención y métodos especiales de comunicación y para hacer frente a las actividades de la vida diaria.

Cómo actuar cuando estemos ante una persona con deficienca visual-auditiva

1) Lo primero que debemos hacer siempre es darle a conocer nuestra presencia tocándole suavemente en el hombro o en el brazo. Si está concentrado en la realización de alguna tarea, esperamos hasta que pueda atendernos. Si conserva algo de vista, trataremos de colocarnos dentro de su campo visual.

2) El siguiente paso será identificarnos, decirle quienes somos, deletreando nuestro nombre o realizando el signo que representa nuestro nombre y por el cual nos conoce. No es conveniente jugar a las adivinanzas. Aunque nos conozca, debemos comunicarle quiénes somos para evitarle confusiones.

3) Si utiliza un audífono porque puede entendernos a través de él, nos dirigiremos a él de manera clara y directa, siempre vocalizando bien. En estos casos, conviene evitar los lugares ruidosos para desarrollar una conversación con él.

4) Si lo que conserva es algo de vista, trataremos de no salirnos de los límites de su campo de visión. Quizá pueda entendernos a través de la labio lectura o utilizando otros recursos, como LSE. Si no conocemos otro método, dirijámonos a él escribiendo en un papel blanco con letras grandes y, a ser posible, en tinta negra para que el contraste sea mayor. Un lugar bien iluminado hará más eficaz la comunicación.

5) Elijamos el sistema más adecuado. Nuestro interlocutor nos indicará cuál es el que prefiere o el que conoce mejor. Aprendamos el dactilológico, que es el más extendido entre los sordociegos.

6) Puede que al principio nos encontremos con ciertas dificultades en el desarrollo del proceso comunicativo. Es necesario que ambos tengamos paciencia. La eficacia en la comunicación aumentará con la práctica, según nos vayamos familiarizando con el sistema elegido.

7) Cuando nos encontremos con una persona sordociega conocida, saludémosla directamente, aunque vaya acompañada. Así se percatará de nuestra presencia y estará encantada de correspondernos.

8) Podemos serle útiles actuando como intérpretes frente a otras personas. Lo más difícil para él en estas ocasiones será saber cuándo es el momento adecuado para hablar. Indiquémoselo.

9) No debemos olvidarnos nunca de despedirnos de él. Si tenemos que ausentarnos un momento, se lo diremos y le dejaremos mientras tanto en un lugar cómodo y seguro. No es aconsejable dejarle solo en un sitio desconocido.

10) Al caminar con él, la forma correcta de llevarle es dejar que coja nuestro brazo; por lo general, lo hará por encima del codo. Así podrá seguir mejor nuestro movimientos. Nunca debemos intentar llevarle delante de nosotros. Le transmitiremos los signos convenidos para indicarle que hay que subir o bajar escaleras, cruzar una puerta o una calle...

11) Mientras vayamos con él, es conveniente irle contando dónde nos encontramos y qué sucede a nuestro alrededor. Si vemos algo que nos parece interesante y que él puede tocar, no debemos dudar en mostrárselo.

12) Por último, recordemos siempre que al comunicarnos con una persona sordociega lo único que estamos haciendo es hablar con ella. Olvidemos prejuicios y miradas ajenas y comuniquémonos con ellos.

5. La LSE (Lengua de Signos)

¿Qué es la LSE?

La Lengua de signos es la lengua natural de las personas sordas, gracias a la cual pueden establecer un canal de información básica para la relación con su entorno social. Mientras que con el lenguaje oral la comunicación se establece en un canal auditivo, la Lengua de Signos lo hace por un canal visual y espacial. Tiene una estructura gramatical propia que se caracteriza por los siguientes parámetros: la configuración de una o dos manos, de sus movimientos, de sus orientaciones, de su ubicación espacial, y de los elementos no manuales (movimientos labiales -que pueden ser verbales y orales-, faciales, linguales, etc.)

Lengua oral y Lengua de signos.

LENGUA ORAL	LENGUA DE SIGNOS
PARÁMETROS FORMACIONALES	
FONOLOGÍA	QUEROLOGÍA
Punto de articulación del signo: bilabial, dental...	Queiremas: Configuaración o forma de las manos.- En LSE son 29 diferentes.- No son iguales en todos los paises.
Modo de articulación del fonema: Oclusiva, fricativa...	Toponemas: Lugar donde se realiza el signo:- En LSE hay 25 puntos diferentes.
Vibración de las cuerdas vocales: sordas o sonoras.	Kinema: Movimiento de las manos:- En LSE hay 18 puntos diferentes.
	Queiroprosema: Orientación de la palma de la mano:- En LSE hay 9.
	Kineprosema: Dirección del movimiento:- En LSE hay 6 diferentes.
	Prosoponema: Componentes no manuales:- Expresión facial.- Expresión corporal.
CANALES DE EXPRESIÓN	
- Auditiva. - Oral. - Secuencial (no se pueden decir dos palabras al mismo tiempo) - Línea temporal.	- Visual .- Gestual .- Secuencial y simultanea. - Espacial

EJEMPLOS PARA TRABAJAR

ACTIVIDADES IMPLANTE COLCEAR

DISCRIMINACIÓN DE SONIDOS

OBJETIVOS

- Desarrollar la capacidad de escucha.
- Conocer los distintos tipos de sonidos.

CONTENIDOS

CONCEPTUALES

- Sonidos de animales, cosas y personas.
- Intensidad de los sonidos.

PROCEDIMENTALES

- Identificación de las distintas fuentes del sonido.
- Compresión de la intención de algunos sonidos.

ACTITUDINALES

- Valorar la importancia informativa de los sonidos.

ACTIVIDADES

1. ANIMALES

Se trabaja en el ordenador.

El niño escucha el sonido que produce un animal que previamente había escuchado y lo nombra.

Después aparece la foto del animal para comprobar si la respuesta ha sido correcta o no.

Materiales: Ordenador.

2. OBJETOS

Se trabaja igual que el anterior o bien con fotos en tarjetas y sonidos grabados previamente con el niño.

Con objetos que el niño conoce y ha manipulado se graban los sonidos (con el niño), también se hacen fotos que luego se pasan a papel o bien se ven en el ordenador.

Se le ponen al niño los sonidos y él los identifica.

Materiales: Cámara de fotos, grabadora y ordenador.

3. SONIDOS CORPORALES

Otra actividad de sonidos. Ahora son del propio cuerpo del niño.

El niño ha realizado estos sonidos y los ha grabado (con ayuda de un adulto) y cuando los escucha lo imita y dice para que pueden servir, que nos transmiten. Ej: silbar para llamar a alguien.

Materiales: Grabadora.

CAMPOS SEMANTICOS

OBJETIVOS

- Desarrollar la capacidad de organizar las palabras por su significado.
- Conocer vocabulario.

CONTENIDOS

CONCEPTUALES

- Palabras con alguna relación.
- Tipos de palabras.

PROCEDIMENTALES

- Identificación de tipos de palabras por su función.
- Compresión de palabras.

ACTITUDINALES

- Valorar la importancia de la adquisición de vocabulario para la comunicación fluida.

ACTIVIDADES

1. CLASIFICAR PALABRAS

Se trabaja con tarjetas que contienen o bien la palabra escrita, o un dibujo, o pictogramas (SPC).

Al niño se le dan también dibujos que corresponden con los campos semánticos de las palabras o con la función de la palabra.

El niño tiene que clasificar las tarjetas dependiendo de lo que se le pide.

Ejemplos:

Campo semántico:

COCINA	COLEGIO	PARQUE
Plato	Cuaderno	Fuente
Tenedor	Tiza	Pato

El niño clasificará las palabras o dibujos.

Función de la palabra:

HACE	COSA	COMO
Correr	Pelota	Verde
Come	Plátano	Despacio

En este caso clasifica por la función.

Materiales: Fichas y murales.

2. COMPLETAR CAMPOS SEMÁNTICOS

El niño tiene una ficha donde aparecen dibujados algunos lugares o acciones y nombrara palabras relacionadas. No tiene que escribir lo dice y explica por qué.

Ejemplo: Un mural con una señora lavando la ropa. El niño nombrará cosas como ropa, detergente...

Materiales: Mural o fotos.

3. COMPLETAR ORACIONES

El niño lee oraciones incompletas y las completara oralmente de distintas formas, para comprender que una palabra puede cambiar el significado de una oración.

Ejemplo: JUAN _____ PAN. Puede completar con come, compra...

En este caso se le preguntará al niño que cosas puede hacer Juan con el pan.

Se trabaja también con adjetivos y sustantivos.

Materiales: Fichas de lectura.

ESTRUCTURA DE LA ORACIÓN

OBJETIVOS

- Conocer los distintos tipos de palabras.
- Distinguir la función de cada palabra dentro de una oración.

CONTENIDOS

CONCEPTUALES

- Funcionalidad de las palabras.
- Partes de la oración.

PROCEDIMENTALES

- Identificación de las palabras dentro de una oración.
- Compresión de oraciones.

ACTITUDINALES

- Fomentar el orden lógico en la formación de las oraciones.

ACTIVIDADES

1. HACER ORACIONES S-V-P

Se le dan al niños unas fichas desordenadas con palabras que tendrá que ordenar para formar oraciones con significado.

Materiales: Fichas.

2. ORDENAR ORACIONES

Como la anterior, pero en este caso lo que se da es un texto de un cuento corto, cortado en tres o cuatro partes que tendrá que ordenar para dar sentido.

Materiales: Ficha de un cuento recortada en tres o cuatro trozos.

COMPRENSIÓN DE ORACIONES

OBJETIVOS

- Comprender textos sencillos.

CONTENIDOS

CONCEPTUALES

- Comprensión lectora..
- Comprensión oral.

PROCEDIMENTALES

- Identificación de la idea principal de un texto.
- Compresión de metáforas.

ACTITUDINALES

- Aceptar las normas básicas de la lengua.

ACTIVIDADES

1. LECTURA DE ORACIONES

2. LECTURA DE PEQUEÑOS CUENTOS

Estas dos actividades son iguales, solo es diferente el grado de dificultad. El niño leerá y comentará lo leído. En el caso de las oraciones al final y en el caso de los cuentos, cada oración o párrafo. Materiales: Libro de lectura.

3. METÁFORAS

Se le entregaran metáforas que el leerá y verbalizará oraciones con esas metáforas para comprender el significado real. Según las lee también se le dicen ejemplos para que pueda entenderlas mejor.

PLAN DE TRABAJO

PLAN DE TRABAJO IMPLANTE COCLEAR

1ª SESIÓN

OBJETIVOS

- Profundizar en el desarrollo de las capacidades de comprensión y expresión oral en las diferentes situaciones.
- Conocer las normas que rigen una llamada telefónica y el respeto hacia ellas.
- Fomentar la capacidad de escucha y de comprensión.
- Conocer la organización de ideas y el empleo de las formas que permiten un construir un texto diferente.

CONTENIDOS

CONCEPTUALES

- Conversaciones telefónicas: excusas, saludos, despedidas...
- Enlaces, entonación.
- Adverbios de afirmación y negación en las distintas conversaciones.

PROCEDIMENTALES

- Comprensión del contenido de las distintas situaciones comunicativas que se pueden dar en conversaciones telefónicas.
- Comprensión d la intervención y propósito comunicativo.
- Identificación de las palabras que marcan la estructura del texto y caracterizan las distintas partes de la conversación.
- Invención de diálogos.

ACTITUDINALES

- Valoración de la conversación telefónica, las necesidades de comunicación.
- Aceptación y respeto por las normas básicas de la lengua y su gramática.
- Fomentar los hábitos y actividades de diálogos en todas las actividades.

ACTIVIDADES

1) "Lluvia de ideas"; se dividirá un folio en tres partes: Saludos, Enlace, Despedidas, que se pueden meter en los distintos tipos de conversaciones. Materiales: folio y lápiz.

2) Diferenciar saludos y despedidas formales e informales en la conversación telefónica. Colorear las formales en rojo y las informales en azul. Finalmente se deben recortar. Materiales: Ficha, tijeras y colores.

3) Enlazada esta actividad con la anterior, se entregará otra ficha con saludos diferentes, para que pegue los saludos con las despedidas correspondientes teniendo en cuenta si las despedidas son formales o informales. Materiales: fichas, la anterior y la nueva y pegamento.

EVALUCIÓN

- Corrección del léxico.
- Morfosintaxis.
- Entonación.
- Claridad de expresión.

2ª SESIÓN

OBJETIVOS

- Mantener distintos tipos de conversaciones telefónicas.
- Fomentar la capacidad de escucha y de comprensión.
- Desarrollar la capacidad de improvisación.
- Conocer la organización de ideas y el empleo de las formas que permiten construir un texto diferente.
- Desarrollar la capacidad de escucha y comprensión.

CONTENIDOS

CONCEPTUALES

- Conversaciones telefónicas: excusas, saludos y despedidas.
- Pronombres personales interrogativos.
- Tiempos verbales.
- Adverbios de afirmación y negación en las distintas conversaciones.

PROCEDIMENTALES
- Comprensión del contenido de las distintas situaciones comunicativas que se pueden dar en conversaciones telefónicas.
- Comprensión de la intención y propósito comunicativo.
- Identificación de las palabras que marcan la estructura del texto y caracterizan las distintas partes de la conversación.
- Invención de diálogos.
- Utilizar las llamadas para información.

ACTITUDINALES
- Valoración de la conversación telefónica, las necesidades de comunicación.

- Aceptación y respeto por la normas básicas del alengua y su gramática.
- Fomentar los hábitos y actividades de diálogos en todas las actividades.

ACTIVIDADES

1) Se le entrega una ficha con diversas llamadas de teléfono. Se le pone un listado de preguntas a las cuales tiene que dar respuesta. Se le presenta la ficha donde está plasmado por escrito una conversación telefónica con espacios que tiene que rellenar. Materiales: Ficha, lápiz y goma.

2) Se le entrega una ficha con espacios en blanco donde tendrá que rellenar los tiempos verbales. Materiales: ficha, lápiz y goma.

EVALUACIÓN

- Contenido de la expresión

3ª SESIÓN

OBJETIVOS

- Desarrollar la capacidad de improvisación.
- Conocer la organización de ideas y el empleo de las formas que permiten construir un texto diferente.
- Desarrollar la capacidad de escucha y comprensión.

CONTENIDOS

CONCEPTUALES

- Conversaciones telefónicas: excusas, saludos y despedidas.
- Pronombres personales interrogativos.
- Adverbios de afirmación y negación en las distintas conversaciones.

PROCEDIMENTALES

- Comprensión del contenido de las distintas situaciones comunicativas que se pueden dar en conversaciones telefónicas.
- Comprensión de la intención y propósito comunicativo.
- Identificación de las palabras que marcan la estructura del texto y caracterizan las distintas partes de la conversación.
- Invención de diálogos.

ACTITUDINALES

- Valoración de la conversación telefónica, las necesidades de comunicación.
- Aceptación y respeto por las normas básicas de la lengua y su gramática.
- Fomentar los hábitos y actividades de diálogos en todas las actividades.

ACTIVIDADES

1) Se le entrega una ficha en la que hay unas respuestas y tienen que formular las preguntas correspondientes. Materiales: ficha, lápiz y goma.

2) Rellenar un texto en el que está plasmada una conversación telefónica incompleta. Materiales: Fichas, lápiz y goma.

3) Ordenar frases. Materiales: fichas con palabras.

EVALUACIÓN

- Contenidos de la expresión.
- Corrección lingüística.

4ª SESIÓN

OBJETIVOS

- Mantener distintos tipos de conversación telefónica.
- Conocer las organización de ideas y el empleo de las formas que permiten construir un texto diferente.
- Desarrollar la capacidad de escucha y comprensión.

CONTENIDOS

CONCEPTUALES

- Conversaciones telefónicas: excusas, saludos y despedidas.
- Pronombres personales.
- Adverbios de afirmación y negación en las distintas conversaciones.
- Tiempos verbales.

PROCEDIMENTALES

- Comprensión del contenido de las distintas situaciones comunicativas que se pueden dar en conversaciones telefónicas.
- Comprensión de la intención y propósito comunicativo.
- Invención de diálogos.
- Escenificación de las distintas llamadas representando los determinados momentos de comunicación.

ACTITUDINALES

- Valoración de la conversación telefónica, las necesidades de comunicación.
- Aceptación y respeto por las normas básicas de la lengua y su gramática.
- Fomentar los hábitos y actividades de diálogos en todas las actividades.
- Respeto de turnos de palabra.

ACTIVIDADES

1) Escenificar una conversación telefónica.

EVALUACIÓN

- Claridad de la expresión.
- Contenidos de la expresión.

EJEMPLOS SORDOCEGUERA

CASO 1 (Pepe)

Pepe tiene 65 años, no tiene resto ni auditivo ni visual aprovechable, vive desde hace varios años en un Centro de Atención a Discapacitados Psíquicos, C.A.M.P nivel de funcionamiento es muy bajo y su comunicación limitada al sistema de signos propios que utiliza y a su escasa intencionalidad.

PROGRAMA DE INTERVENCIÓN.

OBJETIVOS:

Relacionados con la Comunicación.
- Estimular la intencionalidad comunicativa, favorecer situaciones en las que necesite comunicarse, pedir, rechazar…
- Introducir en su comunicación signos necesarios y funcionales.

Relacionados con la Autonomía.
- Crear un sistema de referencia que comprenda y se utilice en el centro.
- Reforzar la comunicación con técnicas guía.
- Fomentar los itinerarios autónomos que Pepe pueda realizar por el centro.

Relacionados con el ocio y tiempo libre.
- Establecer pautas con Pepe para mejorar las habilidades de la vida diaria.
- Desarrollar actividades de su agrado para que pueda disfrutar de su tiempo libre.
- Fomentar su participación e integración en las actividades desarrolladas por el Centro.

Relacionadas con la interacción entre Pepe y los residentes y profesionales del centro.
- Dar un signo a las personas de su entorno más cercano.

- Fomentar la relación de Pepe con sus compañeros, educadores y cuidadores.

METODOLOGÍA:

La comunicación con Pepe es muy limitada, utiliza un sistema de signos propios muy reducido, en el que hay algunos signos convencionales de L.S.E, a pesar de ellos, su repertorio de signos dificulta mucho su expresión, ya que es muy escaso y muy poco preciso.

Debido a esto la metodología a seguir con Pepe consiste en crear en él situaciones en las que necesite comunicarse, para aprovechar así el contexto e introducir signos nuevos o recordar los que ya tiene asimilados, con el principal objetivo de que se comunique, exprese y comprenda.

La periodicidad de las sesiones a desarrollar con Pepe son de una vez por semana, con una duración variable, aproximadamente de tres a cuatro horas, dependiendo de su estado de ánimo.

La sesión se dividía en tres partes: toma de contacto, interacción y actividad de ocio. En la toma de contacto me reconoce y le pregunto por la semana, si se ha afeitado, le pregunto por la ropa que lleva puesta…etc En la interacción se introduce una actividad y se realiza conjuntamente, la parte destinada al ocio suele consistir en un paseo, situación muy favorable para la comunicación, bien por el centro o por los alrededores.

Caso 2. (Pepa)

Pepa tiene 67 años, no tiene un resto aprovechable ni auditivo ni visual, se comunica a través de un sistema de signos propios y mucha mímica. Vive con su hermana y cuñado, tiene un bajo nivel de funcionamiento autónomo.

PROGRAMA DE INTERVENCIÓN.

OBJETIVOS.

Relacionados con la autonomía.

- Introducir las técnicas del guía vidente para mejorar sus desplazamientos.
- Crear una rutina de paseos diarios con su familia, de forma que se reduzca la ansiedad que le provoca salir a la calle.

Relacionados con la conducta.

- Mediar en las conductas desadaptadas que presente Pepa para que desaparezcan.
- Asesorar a la familia sobre la forma correcta de enfrentarse a estas situaciones con Pepa en base a las características propias de la familia.

Relacionados con la Comunicación.

- Asentar el uso del tacto en la Comunicación.
- Introducir signos nuevos y convencionales.
- Estimular el uso de la Lengua de Signos.
- Orientar y aconsejar a la familia sobre la forma más adecuada de comunicarse con Pepa de acuerdo a sus características personales.

Relacionados con la Educación.

- Reforzar y conservar conocimientos de Pepa, como los números y algunas operaciones básicas.
- Introducir nuevos conocimientos adaptados a sus características y necesidades.

Relacionados con el ocio y el tiempo libre.

- Desarrollar actividades de ocio que sean del agrado de Pepa.
- Orientar y aconsejar a la familia sobre las actividades más adecuadas para Pepa partiendo de sus características y necesidades.

METODOLOGÍA.

Con Pepa se han desarrollado sesiones con una periodicidad semanal y una duración variable de tres a cuatro horas en el pueblo, donde reside con su hermana.

Las intervenciones con Pepa se dividían en dos partes, presentación y realización de la actividad, en la presentación le preguntaba como estaba e introducía algún tema, como la ropa que llevaba, el tiempo que hacía... luego realizábamos alguna actividad, normalmente elegida por ella, ya que rechazaba aquellas que no le gustaban, a través de esta actividad se introducía el objetivo que pretendíamos conseguir.

PROPUESTA PARA TRABAJAR EN EL AULA UN PROGRAMA DE SENSIBILIZACIÓN Y ACERCAMIENTO AL MUNDO DE LOS SORDOS.

El programa estaría diseñado para trabajar en primaria, concretamente en el segundo y tercer ciclo. Este material sería para todos los alumnos del aula tanto sordos como oyentes, aunque más concretamente dirigido a los oyentes por el hecho de que son ellos quienes en cierta media desconocen la cultura sorda.

El material consta de un CD y un puzzle. Las dos cosas pretenden conseguir un acercamiento de forma lúdica y producir un aprendizaje sin tener que realizar esfuerzo.

A. Objetivos Generales

1. Descubrir y conocer progresivamente el propio cuerpo, formando una imagen de sus cpacidades y limitaciones de acción expresión
2. Descubrir la existencia de la LSE como un sistema alternativo de comunicación.
3. Formar una imagen positiva de la comuniad sorda.
4. Conocer el sistema auditivo y su funcionamiento.
5. Conocer distintos tipos de sordera dependiendo del momento de adquisición, de las causas y del nivel en el que se ha producido la lesión.
6. Utilizar la LSE para expresar mensaje cortos.
7. Valorar y respetar la LSE como lengua de la comunidad sorda.
8. Potenciar un acercamiento entre los alumnos sordos y oyentes respetando los códigos de comunicación.

B. Contenidos

CONCEPTOS	PROCEDIMIENTOS	ACTITUDES
• El cuerpo como expresión. • Sistema alternativo de comunicación LSE. • La comunidad sorda. • La Sordera. • LSE. • Comunicación.	• Utilización del propio cuerpo como medio de expresión. • Discriminación de diferentes sistemas de comunicación oral-gestual. • Participación en actividades con personas sordas. • Diferenciar que existen diferentes tipos de sordera. • Discriminar palabras en LSE. • Participación en conversaciones signadas sencillas.	• Interés por las posibilidades de expresión que nos ofrece el propio cuerpo. • Valorar la LSE como una lengua. • Respetar la comunidad sorda. • Interés por usar la LSE en situaciones comunicativas con compañeros sordos.

C. Líneas metodológicas

El profesor será el guía y mediador que oriente, estimule, ayude... en el desenvolvimiento integral del alumno mediante las siguientes líneas metodológicas.

Individualización: Para ayudar a un niño a progresar, el educador debe conocer sus posibilidades madurativas y confiar en sus capacidades de progreso. Probablemente hay pocas cosas que frenen tanto el desenvolvimiento como el desconocimiento de las capacidades o la convicción de que no es posible su desenvolvimiento.

Naturalmente, los niños y niñas diferentes tienen capacidades distintas, por lo que no es razonable tener idénticas expectativas con respecto a ellos. Pero la clave no está en que sean iguales, si no en que las expectativas de los educadores con respecto a cada alumno sean tales que se centren, sobre todo, en las capacidades que pueden ser desenvueltas y en los logros que el niño va haciendo, para promover el desenvolvimiento y reforzar aquellos.

Aprendizaje significativo: Tenemos en cuenta que el niño debe establecer relaciones entre sus experiencias previas y los nuevos aprendizajes para lo que las actividades y tareas que vamos a presentarle tengan sentido claro y significativo para el.

Principio de globalización: El niño percibe la realidad a través del contacto directo con ella, teniendo en cuenta todos los conocimientos y actividades que irán alrededor de todos los objetos de su entorno,

Actividad lúdica y constructiva: Daremos prioridad a las actividades de juego porque así se aúnan el carácter motivador y la posibilidad de que sea el propio niño el que establezca relaciones significativas en la construcción de sus conocimientos.

Creación de un ambiente acogedor donde el niño encuentre seguridad y confianza para poder afrontar problemas situaciones.

Manipulación, observación y experimentación: ya que es a través de los sentidos por donde el niño adquiere sus nuevos conocimientos y tiene contacto con su realidad.

Para poder llevar a cabo una metodología basada en la s líneas anteriores es fundamental concretar en dos aspectos:

- La organización adecuada del ambiente incluyendo espacios, recursos materiales y distribución del tiempo:
    - Espacio flexible y abierto.
    - Material variado.
    - Talleres semanales.
- Colaboración y coordinación entre el equipo docente.

D. Materiales

- Ordenador.
- TV.
- DVD
- CD de sensibilización ante la Lengua de Signos.
- Puzzle de aprendizaje de lengua de signos.
- Película "El sueño de Pedro"
- Guía de la película "El Sueño de Pedro"

Otro material complementario que ayudara será:

- Diccionario de la Lengua de Signos Española. CNSE.
- Diccionario "Mis primeros Signos". CNSE
- Pizarra .
- Fotocopias de algunos signos.
- Lápiz
- Papel.
- Cañón proyector.

Puzzle

Consta de tres partes, las fichas del puzzle, una plantilla y un soporte. Se colocará la plantilla en un lado del soporte y se cierra, después se colocan las fichas que correspondan, en este caso es para trabajar vocabulario y cada ficha tiene un signo que corresponde con su trascripción gráfica. Cuando está completo el puzzle para comprobar si esta correcto se abre de nuevo el soporte por la parte que nos permite ver el reverso de las fichas del puzzle y tiene que aparecernos un dibujo correctamente formado.

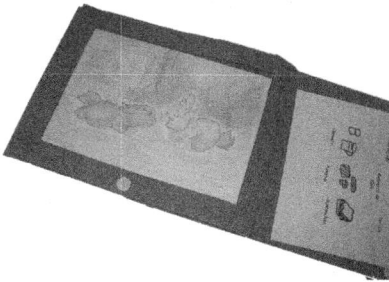

Cd Lengua de Signos

Está presentado en el soporte de una página web. En él encontramos tanto una base teórica básica de la sordera y la lengua de signos, que permiten a cualquier niño o adulto que desconozca este campo acercarse a él y tener unas nociones básicas que le permitan acercarse un poco más a ese alumno o compañero sordo que tienen en el colegio.

Consta de cinco partes a las que se accede por medio de los botones que aparecen en el marco.

- Te cuento.
- Actividades.
- Palabras.
- Paseamos.
- Diccionario

Visitando los diferentes apartados de que consta el Cd, tocaremos los tres bloques que marca la propuesta curricular elaborada por la CNSE para alumnos de primaria, usos y formas de la comunicación en LSE, análisis y reflexión sobre la propia lengua e identidad y aspectos socioculturales.

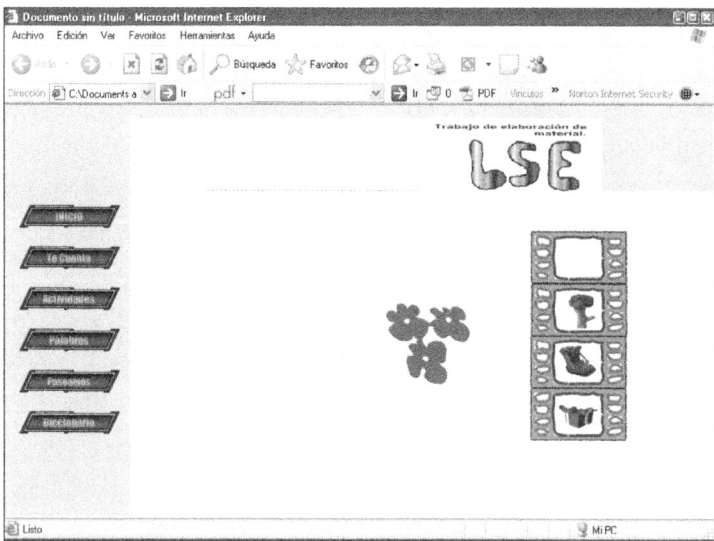

a) Te cuento.

Este apartado es básicamente teórico. Consta de cuatro subapartados en los cuales nos acercamos a temas de la sordera como son la sordera, la audición, la lengua de signos y el oído.

Por medio de escuetos textos, esquemas y montajes gráfico-visuales nos transmite información de estos cuatro temas.

En el apartado de la sordera podemos encontrar desde la anatomía del oído y desarrollo de este hasta los tipos de sordera y algunos síntomas asociados al oído. Está presentado como texto y esquema.

En el segundo apartado la audición hacemos un viaje con el sonido, de forma gráfica podemos ver el recorrido que hace el sonido desde el exterior del oído hasta que llega al cerebro para ser decodificado.

En la parte de LSE (Lengua de Signos Española) podemos leer un poco de la historia de la lengua de signos y también responder a la pregunta de qué es la LSE y para qué sirve., preguntas estas que normalmente en primaria ningún niño sabe ni se ha planteado.

El último de los cuatro apartados, el oído es también visual, presenta un dibujo del oído en el que al pasar con el ratón podemos comprobar lo que es cada parte y su definición. Es una forma simple de situar cada parte del oído.

En estos cuatro puntos tenemos toda la información teórica que nos ofrece el cd-rom, escueta, simple y sencilla es como se ha tratado que sea está información, ya que su función es acercar a los niños y/o profesores al mundo de los sordos y no la transmisión de información sobre el tema de la sordera y/o deficiencia auditiva.

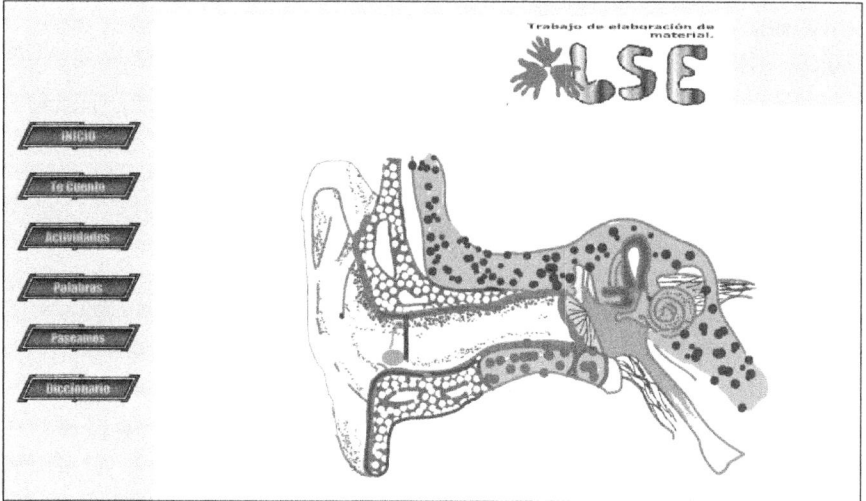

b) Actividades.

En este apartado tenemos cuatro bloques de actividades de dificultad progresiva.

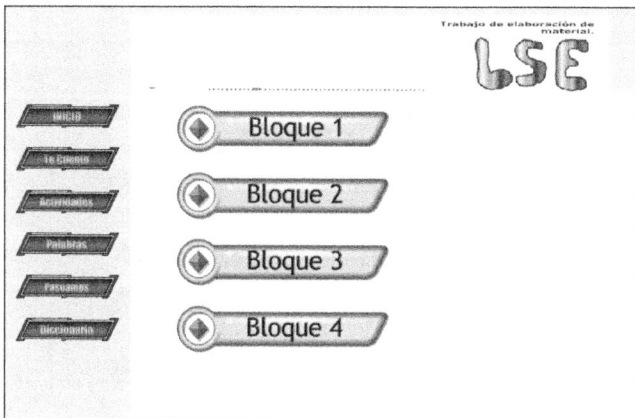

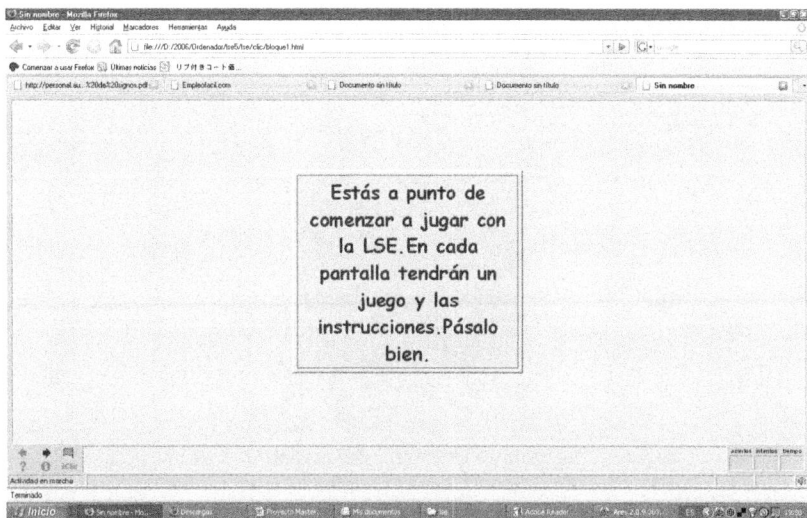

Pantalla de inicio del primer bloque de actividades

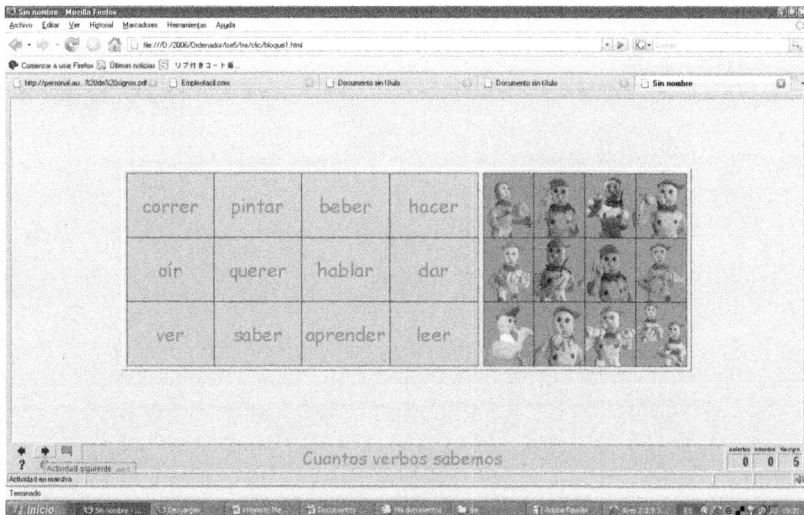

Actividad de relacionar signo y palabra.

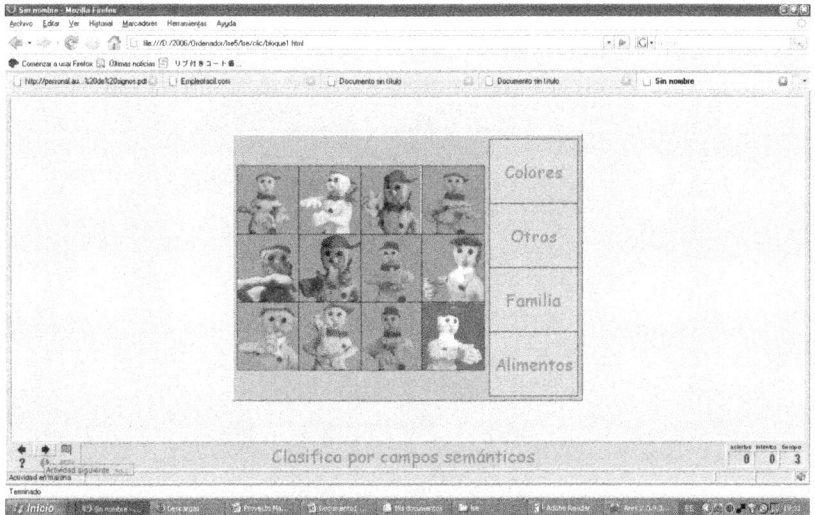

Ejercicio de reconocer campos semánticos.

Ejercicio de formar oraciones con los signos desordenados.

c) Palabras.

En este apartado está recogido vocabulario. Podemos hacer una búsqueda por palabras para luego ver su signo en foto.

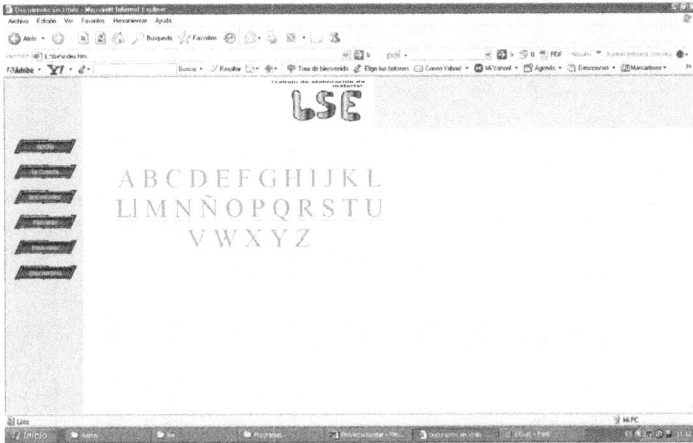

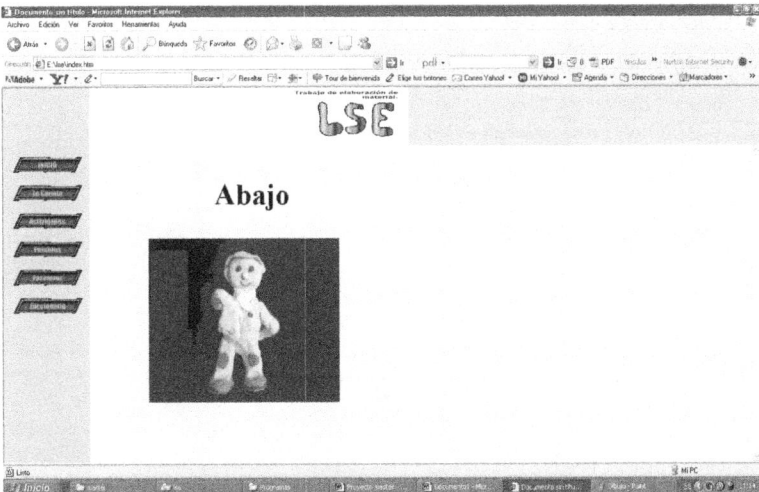

d) Paseamos.

En este apartado por medio de láminas animadas se puede acceder al signo de los objetos. Es una forma sencilla de aprender signos y a parte para un niño sordo sería también una forma de comprensión de conocimiento del medio.

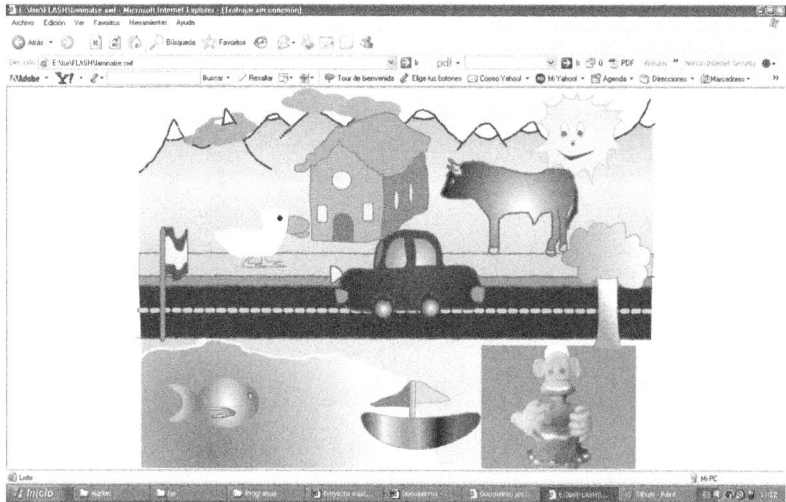

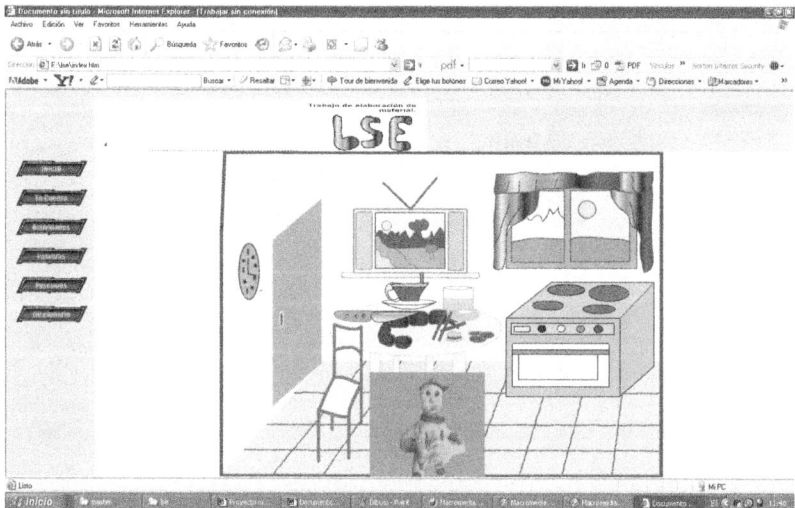

e) Diccionario.

Es una recopilación de palabras y signos. Se utilizaría como diccionario y a parte nos permite introducir nuevas palabras y fotografías del signo. Sería así un fichero que se puede ampliar a medida que conozcamos más vocabulario para poder volver a él en un momento dado que necesitemos recordar un signo.

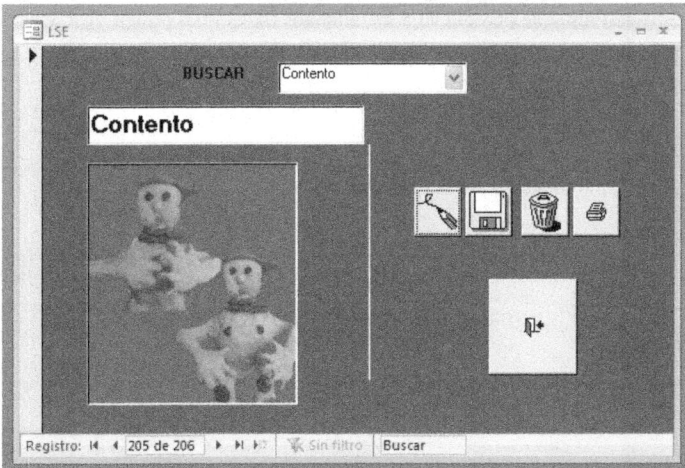

E. Temporalización

La programación podría ser en sesiones semanais de 45 minutos. Menos tiempo sería insuficiente y más podría saturar a los niños, ya que esta unidad didáctica estaría indicada para primaria.

Necesitariamos al menos dos sesiones para trabajar con los profesores o tutores.

Dividiendo en sesiones nos quedaría:

Sesión 1º	Introducción a los profesores proyectando la película "El sueño de Pedro"
Sesión 2º.	Abrir debate con los profesores para comentar la película vista el día anterior.
Sesión 3º.	Película "El Sueño de Pedro" con los alumnos y debate. Podemos ayudarnos de la guía que adjunta para introducir el debate.
Sesión 4º.	Hablar a los alumnos de la lengua de signos, de la comunidad sorda... y que éllos planten dudas y preguntas.
Sesión 5º.	Presentación del CD a los alumnos (si son del primar ciclo o incluso en caso de trabajarlo con infantil se les presentaría el puzzle) y dejarles tiempo para que lo manipulen y hagan preguntas.
Sesión 6º.	Introducción a la LSE (dactilológico)
Sesión 7º.	Hablar de la sordera, del oído y de la audición y dejar a los alumnos ver la parte correspondiente del CD.
Sesión 8º.	LSE: Saludos – días de la semana – estaciones.
Sesión 9º.	Hablar de la LSE como lengua y dejar tiempo para verlo en el CD.

Sesión 10º.	LSE: Colegio – calle – números.
Sesión 11º.	Juegos Bloque 1 del CD y palabras. Así aprenderán términos.
Sesión 12º.	LSE : horas – meses – día y juegos Bloque 2.
Sesión 13º.	LSE: verbos – adjetivos (colores, grande–pequeño...) y juegos Bloque 3.
Sesión 14º.	LSE: Formar oraciones simples y juegos Bloque 4.
Sesión 15º.	Evaluación del taller por parte de los alumnos

De esta forma en 15 sesiones los alumnos tndrían unos conocimientos básicos de la sordera, de la cultura sorda y lo más importante, habrían adquirido destrezas y conocimientos para poder comunicarse en LSE en un determinado momento.

F. Evaluación

La evaluación es un elemento fundamental del proceso de enseñanza / aprendizaje, ya que evalúar consiste en realizar un seguimiento a lo largo del proceso que permita obtener información sobre como se está llevando a cabo la función educativa y permite reajustar la intervención en función de los datos obtenidos.

Si se concibe la actividad educativa como un proceso y la evaluación como un elemento inseparable de élla, esta deberá tener en cuenta todo el proceso, de modo que pasa a ser un elemento más de la actividad educativa. Se trata de una evaluación continua que permite regular, orientar y corregir de modo sistemático el proceso educativo.

La evaluación continua comienza en los inicios del propio proceso educativo. Requiere, por eso, una evaluación inicial, para obtener información del cominzo de un determinado proceso de enseñanza – aprendizaje, y adecuar este proceso a sus posibilidades.

El principio de evaluación continua no contradice la posibilidad y la necesidad de efectuar una evaluación final del proceso de enseñanza - aprendizaje. La evaluación sumativa trata de valorar el grado de consecución obtenido por cadaalumno y cada alumna respecto a los objetivos propuestos en el proceso educativo.

La evaluación tiene un caracter formativo, regulador,orientador y autocorrector del proceso educativo,y proporciona información cosntante sobre si este proceso se adapta a las neceidades y a las posibilidade del sujeto, y haciendo posible la modificación de aquellos aspectos que parezcan no funcionar.El objetivo fundamental de esta evaluación es orientar y mejorar, a nivel de diseño y de desenvolvimiento, tanto los procesos como los resultados de la intervención educativa.

BIBLIOGRAFÍA

Alonso, P. y otros. *Ámbitos profesionales de interpretación en L.S.E.* Madrid: CNSE.

Alonso, P. y Valmaseda, M. (1993). *"Los sistemas alternativos de comunicación sin ayuda"* En Sotillo, M. (Ed.), *Sistemas de Comunicación.* Trotta, Madrid.

Álvarez, M.; Juncos, O.; Caamaño, A.; Justo, M.J.; Costa, M.J.; Fernández, C. y Quintans, M. (2002). *"Adquisición temprana de la sintaxis en lengua de signos española (LSE")*. Rev. Logope. Fon Audiol, XXII (·) 157-156.

Caamaño, A.; Juncos, O.; Justo, M.J.; López, E. y Vilar, A. (1999). *"Gestos y signos en la transición a los enunciados de dos elementos en lengua de signos española"*. Rev. Logope. Fon Audiol, XIX (4) 184-189.

Calvo Prieto, J. *La sordera. Un enfoque socio-familiar.* Amarú, Salamanca 1999.

Cambra, C y Silvestre, N. (1998). *"Evolución social y afectiva"*. En Silvestre, N. (Comp.). *Sordera. Comunicación y aprendizaje.* Masson, Barcelona.

Cecilia, A.(2001). *Mil palabras con las manos... del léxico signado español.* Madrid: CEPE.

Cedillo, P. *Háblame a los ojos.* Octaedro, Bardelona 2004.

Centre d'Estudis de la Llengua de Signes de Catalunya. (1999). *Aprenem LSC!. Manuel per a l'ensenyament-aprenentatge de la llengua de Signes Catalana.* Llibre 1 y llibre 2. Barcelona: ILLESCAT.

CNSE (1997). Curso de Formación Teórico-Práctico para nuevos profesores de L.S.E. Madrid: CNSE. Fundación ONCE

CNSE (1999). *Medidas para el reconocimiento legal de la Lengua de Signos Española.* Madrid: CNSE. Ministerio de Trabajo y Asuntos Sociales.

CNSE (1999). *Signar: aprende L.S.E. Nivel inicial: para aprender.* (libro, vídeo comunicativo y vídeo interactivo). Madrid: CNSE.

CNSE (1999). *Signar: enseña y aprende L.S.E. Nivel inicial: para enseñar.* (libro, vídeo comunicativo y vídeo interactivo). Madrid: CNSE.

CNSE (1999). *Signar: aprende L.S.E. Nivel intermedio: para aprender.*(libro, vídeo comunicativo y vídeo interactivo). Madrid: CNSE.

CNSE (1999). *Signar: enseña y aprende L.S.E. Nivel intermedio: para enseñar.*(libro, vídeo comunicativo y vídeo interactivo). Madrid: CNSE.

CNSE (1999). *Signar: aprende L.S.E. Nivel superior: para aprender.* (libro y vídeo). Madrid: CNSE.

CNSE (1999). *Signar: enseña y aprende L.S.E. Nivel superior: para enseñar.*(libro y vídeo). Madrid: CNSE.

CNSE. *Material de apoyo para el aprendizaje de la Lengua de Signos.* (Libro y vídeo). Madrid: MEC.

C.N.R.E.E. *Cómo organizar un curso de Lenguaje de Signos.* (Vídeo y libro). Madrid: MEC.

C.N.R.E.E. *Aprendiendo cosas sobre la sordera. Actividades para el aula.* Madrid: MEC.

Cotelo Guerra, M.D. (1997). "Apuntes para unha historia da educación de sordomudos en España".Sarmiento,1, 145-168.

Courtin, C. (2002) *"The impact of Sing Language on the Cognitive Developoment of Deaf Children.".* Journal of Deaf Studies and Deaf Communication. 5, 266-276.

Diaz-Estebanez y otros. *Las personas sordas y su realidad social. Un estudio descriptivo.* Centro de Desarrollo Curricular. Madrid 1996.

Domingo Segovia, J. y Peñafiel Martínez, F. (eds.): *Desarrollo curricular y organizativo en la escolarización del niño sordo,* Aljibe, Málaga 1998.

Domínguez Gutierrez, A.B. y Alonso Baixeras, P. *"La Educación de los alumnos sordos hoy. Perspectivas y respuestas educativas".*Aljibe, Malaga .

Fernández Viader, M.P. *La Comunicación de los niños sordos. Interacción comunicativa padres-hijos.* CNSE- Fundación ONCE. Madrid 1996.

FESORD, C.V. (2000). *Sígname: para aprender L.S. en la Comunidad Valenciana. Nivel elemental.* Valencia: Fundación FESORD CV.

FESORD, C.V. (2000). *Sígname: para aprender L.S. en la Comunidad Valenciana. Nivel mediol.* Valencia: Fundación FESORD CV.

FESORD, C.V. (2000). *Sígname: para aprender L.S. en la Comunidad Valenciana. Nivel superior.* Valencia: Fundación FESORD CV.

FESORD, C.V. (2000).Signolingüística. Introducción a la lingüística de la L.S.E.. Valencia: Fundación FESORD CV.

Festa, M.E.(2005). "Algunas consideraciones sobre pobreza, discapacidad y comunidad". Congreso Iberoamericano sobre Discapacidad, Familia y Comunidad. Buenos Aires.

Furth, H. *Pensamiento sin lenguaje.* Marova, Madrid 1981.

Greenberg, M. (2000). *"Educational interventions: Prevention and promotion of competence."* En Hindley, P. y Kitson, N. *Mental health and deafness.* Whurr Publisher, London.

Hindley, P. (2003). *"Promoting social and emotional development in deafchildren: linking theory and practice."* En Gallaway, C. y Young, A. (Eds). *Deafness and education in the UK: Research perspectives.* Whurr Publisher, London.

Jiménez, J.R. (2003). "Procesos de exclusión social: redes de participación en personas con discapacidad" Sevilla.

Lara, P. y De los Santos, E. (1999).*Técnicas de interpretación de Lengua de Signos.* Madrid: CNSE.

Manolson *Hablando nos entendemos los dos.* Entha Ediciones. 2004.

Marchesi, A. *El desarrollo cognitivo y lingüístico de los niños sordos.* Alianza Psicologia, Madrid 1987.

Marchesi, M.; Alonso, P.; Paniagua, G. y Valmaseda, M. *Desarrollo del lenguaje y del juego simbólico en los niños sordos profundos.* CIDE, Madrid. 1995.

Marunty Curto, Lluis. *"Escribir y leer" Volumen I.* Edelvives, Zaragoza 1995.

Marunty Curto, Lluis. *"Escribir y leer" Volumen II.* Edelvives, Zaragoza 1995.

Marunty Curto, Lluis. *"Escribir y leer" Volumen III.* Edelvives, Zaragoza 1995.

Monfort, Marc; Juárez, Adoración. *El niño que habla: El lenguaje oral en el preescolar.* Edit. Cepe, Madrid, 1996.

Moreno, A., Pinedo, P y Rodríguez, A. *Interpretación del Sistema de Signos internacional.* (Libro y vídeo).Madrid: CNSE.

Muñoz, I. M. *Cómo se articula la L.S.E.* Madrid: CNSE.

Núñez Mayán, M.T.(2000)."A educación especial: xénese e cuestionamiento dunha dobre rede educativa". Sarmiento, 4, 99-117

Parkhurst,S.J. y Parkhurst D.D. (2001). *Variación de las Lenguas de Signos usadas en España. Madrid Revista Española de Lingüística de las Lenguas de Signos.* Madrid: Revista Española de Lingüística de las Lenguas de Signos.

Peterson, C. y Siegas, M. (1995). *"Deafness, conversation and Theory or Mind."* Journal of Child Psychology and Psychiatry vol.36, nº 3, pp 459-476.

Pinedo, F.J. (Reedición 2001). *Diccionario de L.S.E.* Madrid: CNSE.

Rodríguez, M.A. (1992). *Lenguaje de signos.* Madrid: CNSE.

Rosa Ana Clemente. *Desarrollo del lenguaje. Manual para profesionales de la intervención en ambientes educativos.* Ed. Octaedro Universidad. 1996

Sánchez Casado, J. Inmaculada: *La sordoceguera I: El marco de trabajo de la sordoceguera,* Badajoz 2002.

Silvestre, N. *"Adquisición del lenguaje oral en el alumnado con sordera prelocutiva"* En *Sordera. Comunicación y aprendizaje.* Masson, Barcelona 1998.

Svirsky, M.A. *"Efecto del implante coclear en el desarrollo lingüístico de niños con hipoacusia"* En Manrique, M. y Hyarte, A. (eds) *Implantes cocleares.* Masson, Barcelona 2002.

Torres Monreal, S.; Rodríguez Santos, J.; Santana Hernández, R.; González Cuenca, A.: *Deficiencia auditiva. Aspectos psicoevolutivos y educativos,* Aljibe, Málaga 1995.

Valmaseda, M. *"El desarrollo socio-emocional de los niños sordos. Intervención desde la escuela".* En Dominguez, A.B. y Alonso, P. *La educación de los alumnos sordos hoy. Perspectivas y respuestas educativas.* Aljibe 2004.

Valmaseda, M. *"El desarrollo comunicativo y lingüístico de los niños sordos."* En García, J.N. *Intervención psicopedagógica en los trastornos del desarrollo.* Psicología Pirámide, Madrid 1999.

Valmaseda, M. *"Las personas con deficiencia auditiva".* En Verdugo, M.A. (ed). *Personas con discapacidad. Perspectivas psicopedagógicas y rehabilitadoras.* Siglo XXI, Madrid, 1995.

Von Tetzchner, S. y Martinsen, H. (1993). *Introducción a la enseñanza de signos y al uso de ayudas técnicas para la comunicación.* Madrid: VISOR.

VV.AA. *Apuntes de lingüística de la L.S.E.* Madrid. CNSE.

VV.AA. (1999). *DILSE: Diccionario de neologismos de la L.S.E.* (CD-ROM). Madrid: CNSE.

Made in the USA
Las Vegas, NV
13 February 2022